AF509651

CASSANDRE

APOTICAIRE, NOUVELLISTE

ET CHEVALIER.

PARADE.

Traduite de l'Italien.

AU MONOMOTAPA,

Aux dépens de l'Ordre.

M. DCC. LX.

ACTEURS.

CASSANDRE.

ISABELLE, sa Fille.

LEANDRE, Amant d'Isabelle.

GILLETTE, Servante de Cassandre.

GILLES, Aprentif de Cassandre.

CRISPIN, Valet de Leandre.

La Scene est à Paris.

CASSANDRE

APOTICAIRE, NOUVELLISTE ET CHEVALIER.

SCENE PREMIERE.

GILLES *pilant des Drogues.*

HO fûrement le malade qui prendra ces Drogues doit fe bien porter. Elles font vieilles, féches, & dures comme tous les diables. Mais cependant quand elles feront bien délaiées, elles pouront fe vendre. Mon Patron eft un de ces Apoticaires qui ne s'amufent pas à leur métier : il à bien d'autres chofes en tête, ma foi, & moi pauvre aprentif, encore à l'A, B, C, je diftibue au hazard pour tous les malades en général, les premieres Drogues qui me tombent fous la main,

---

SCENE II.

GILLES. CASSANDRE *lifant des Gazettes.*
GILLLES.

Monfieur Caffandre ces Drogues.....&

CASSANDRE.

O la belle nouvelle ! les Indiens des Isles Moluques ont trouvé le sécret de faire des perruques de fil d'or.

GILLES.

Monsieur Cassandre, ces Drogues là sont-elles de la Chine ?

CASSANDRE.

Justement dans la Chine, on à découvert un Moscovite qui étoit gros d'enfant, & qui est accouché.

GILLES.

Vraiment Monsieur Cassandre ?

CASSANDRE.

Tu n'entens pas ? les Gazettes le disent.

GILLES.

Mais Monsieur Cassandre est-ce que les hommes font des enfants ?

CASSANDRE.

Tu n'entens pas ? pauvre ignorant !

GILLES.

Tout d'bon les hommes accouchent ?

CASSANDRE.

Lis les Gazettes, bête que tu ès.

GILLES.

Il me vient une idée, Monsieur Cassandre : si je pouvois accoucher aussi, en tout bien, tout honneur, je pourois devenir nourice.

C A S S A N D R E.

L'idiot! écoutes, écoutes, à Paris il eſt arrivé
un cas qui ſemble fait pour moi. Un Apoticaire à épouſé par belle paſſion ſa Servante :
ne diroit-t on pas qu'on à voulu parler de
Gillette & de moi?

G I L L E S.

Mais eſt-ce que vous l'avez épouſé ? je n'en
ſçais rien.

C A S S A N D R E.

Cela n'eſt pas encore fait , mais cela ſe fera.

G I L L E S.

Et Mameſelle Ziſabelle votre fille , quand la
marirez vous ? prenez-y garde : elle n'eſt pas
comme vos Drogues qui diminuent tous les
jours dans votre Boutique. Elle doublera elle.

C A S S A N D R E.

La flotte Angloiſe au nombre de deux
cent Vaiſſeaux tant gros que petits ....

G I L L E S.

Par un beau jour vous lirez dans la Gazette
que Manneſelle Ziſabelle en ſera à ſon ſecond
enfant.

C A S S A N D R E.

Fauſſe nouvelle. En Perſe on à donné cent
coups de bâton a un nommé Gilles pour avoir
dit des impertinences à ſon maître.

G I L L E S.   *à part.*

En France le nommé Gilles à ſoufflé la nomméc Gillette au nommé Caffandre.

SCENE III.

LEANDRE , CASSANDRE , GILLES.
LEANDRE.

SErviteur , Monfieur Caffandre.

CASSANDRE *toujours lifant.*

Serviteur , Monfieur Leandre.

LEANDRE.

Comment va la fanté , Monfieur Caffandre ?

CASSANDRE.

Que voulez-vous ?

LEANDRE.

Je vous apporte une Ordonnance.

CASSANDRE.

Prens Gilles.

GILLES.

Donnez.

LEANDRE.

Mais Monfieur faites moi la grace....

CASSANDRE.

On à établi un nouvel Ordre de Chevalerie au Monomotapa.

GILLES.

Ra~ortez vous en à moi ; j'ai de l'expérience tout autant que mon Maître : il n'y à pas de différence entre nous.

L E A N D R E *à part.*

Auſſi-bien l'Ordonnance n'eſt qu'une feinte
pour voir Mammeſelle Ziſabelle.

S C E N E   I V.

CRISPIN, CASSANDRE, GILLES,
LEANDRE.

Bonjour Monſieur Caſſandre.

C A S S A N D R E *liſant.*

Hô cet Ordre là ſera bien honorable!

C R I S P I N.

Monſieur.

C A S S A N D R E,

Que voulez-vous?

C R I S P I N.

C'eſt un Anodin.

C A S S A N D R E.

Parlez à Gilles.

G I L L E S.

Oui parlez-moi, voyons l'ordonnance.

C R I S P I N.

La voici. [*A part*] C'eſt Gillette à qui
j'en veux.

C A S S A N D R E.

Dites-moi un peu, Meſſieurs, êtes vous nou-
velliſtes?

CRISPIN.

Oui Monsieur.

LEANDRE.

Je m'en mêle un peu.

CASSANDRE.

L'Empereur du Monomotapa vient d'établir un Ordre de Chevalerie, qui fait un Gentil-homme du plus grand vilain. Bonjour.

SCENE V.

LEANDRE, GILLES, CRISPIN.
LEANDRE.

L'Ami, préparez mon Opiatte.

CRISPIN.

Faites-moi ma Potion.

GILLES *lisant les Ordonnances.*

On y va, on y va.

LEANDRE.

Dépêchons.

GILLES.

Ne soyez pas si pressez Messieurs, [*A part.*]
je ne saurais lire l'Ordonnance.

LEANDRE.

Je ne vois point Zizabelle.

CRISPIN.

Gillette ne paroît point.

GILLES *à part.*

Quel âne de Docteur à pû écrire cela ? On ne fait s'il veut des fels ou des efprits.

LEANDRE.

Comment fe porte Mammefelle Zifabelle ?

GILLES.

Fort bien [*à part.*] On ne fait fi ce font des onces ou des dragmes

CRISPIN.

L'ami , dites-moi je vous prie , que fait Gillette ?

GILLES.

Rien. [*à part*] Maudit Docteur , je ne faurais te lire , & ne te lirai jamais. Faifons comme j'ai coutume de faire.

LEANDRE.

Mon cher Gilles , ne pourrois-je en dire deux mots à la charmante Zifabelle ?

CRIPIN.

Gilles mon cœur , fais moi voir Gillette.

GILLES

Ah Meffieurs ! c'eft une autre reçette. Vous vous méprenez je fuis un honnête Apoticaire & non pas un ......

LEANDRE

Ha ne vous fâchez pas.

CRISPIN.

Pardonnez , fais moi ma potion.

GILLES *à Leandre.*

Pour qui eft cette Opiate ?

LEANDRE.

Pour quelq'un qui à une indigeftion.

G I L L E S *à Crispin.*
Pour qui est l'Anodin ?
C R I S P I N.
Pour quelq'un qui à le ventre resserré.
G I L L E S.
Ha j'entens. Vous repasserez , chacun aura
son fait. Je vais au laboratoire.

S C E N E VI.

ISABELLE , GILLETTE , LEANDRE ,
CRISPIN.

I S A B E L L E.

HA vous voilà mon cher Leandre.
L E A N D R E
C'est vous charmante : Zisabelle quel bon-
heur est le mien !
I S A B E L L E
N'est-ce pas la un Joli bonheur , nous n'en pou
vons tater qu'a léche-doigt.
L E A N D R E
Le mistere est un assaisonnement.
I S A B E L L E
Pour moi il ne fait qu'irriter mon appetit. Si
vous ne finislés pas , d'autres finiront.
L E A N D R E.
Quel parti prendre ?
I S A B E L L E.
Il faudra peut-être encore que je vous mêne
la main.

L E A N D R E.

Je fens bien que c'eft à moi à vous éviter cette peine, mais, Mammefelle, fi je vous faifois de certaines petites propofitions ne vous facherois-je point ?

I S A B E L L E.

Fâchez-moi toujours comça, fot que vous êtes.

L E A N D R E

He bien Mammefelle Zifabelle , je cours embraffer les genoux de votre pere , me précipiter dans fon fein.

I S A B E L L E.

Le benêt ! il eft bon la.

L E A N D R E.

Et vous enlever s'il ne veut pas.

I S A B E L L E.

Ha ça s'apèlle parler, ce dernier mot la ; il faut toujours qu'un gentis-homme prenne le parti de la douceur

L E A N D R E.

Adieu Mammefelle.

I S A B E L L E.

Faites , faites donc vite : ne voyez vous pas que vous m'inpatientez.

L E A N D R E.

Je vole fur les aîles de l'amour.

I S A B E L L E.

Prenez la pofte , ça fera plus fur , & quand vous y ferez , courez-en fept ou huit.

SCENE VII.

GILLETTE, CRISPIN.
CRISPIN.

ET toi Gillette ?

GILLETTE.

Va, tu n'eſt q'un fol. Je m'en vas.

CRISPIN.

Pourquoi ?

GILLETTE.

Ne ſais-tu pas que Monſieur Caſſandre m'a deffendu de parler à aucun homme ?

CRISPIN.

Il faut qu'il ſoit bien bête, s'il s'imagine que tu lui obéiras.

GILLETTE.

Je veux lui obéir moi.

CRISPIN.

Si c'étoit Gilles, tu ne dirois par cela.

GILLETTE.

Qui ta dit cela ?

CRISPIN.

Ne mens pas : je le ſais.

GILLETTE.

Si tu le ſais que me demandes tu ?

CRISPIN.

Je veux t'ouvrir les yeux, je veux te faire concevoir que tu n'eſt pas faitte pour un im-bécile comme lui.

GILLETTE.

Votre Servante, Monſieur le Docteur, votre

Servante , Monſieur l'Eſprit. Vous avez bien
du mérite , & je ne veux point de vous.

C R I S P I N.

Comment ! préférer un maroufle comme
celui la , à un homme comme moi ? hé bien ,
je vais le tuer.

G I L L E T T E.

Pauvre Criſpin, tu n'eſt qu'un fanfaron.

C R I S P I N.

Jamais femme ne m'à traité de la ſorte.
Ingrate !

G I L L E T T E.

Il eſt vrai , je la ſuis.

C R I S P I N.

Tu ne connois pas tout le bien que je te
veux. Je t'aurois fait un ſort.

G I L L E T T E.

Et moi j'ai l'honneur de te dire : tu eſt bien
aimable, mais je ne veux point de toi.

S C E N E V I I I.

G I L L E S, G I L L E T T E.

G I L L E S.

J 'Ai fait ma beſogne : mes Potions , mes
Opiates , mes Anodins ſont prêts. Et perſon-
ne n'eſt venu depuis me demander rien. Je
crois que le Ciel inſpire les autres malades.
Car quiconque prendra de nos drogues , aura
bien la mine de n'en pas réchaper.

G I L L E T T E.

Gilles.

G I L L E S.

Ah Gillete !

G I L L E T T E.

M'aimes-tu ?

G I L L E S.

Chut : voyons si le Patron ne nous écoute pas.

G I L L E T T E.

Personne ne nous écoute, parles librement.

G I L L E S.

Je sais bien que te repondre .... mais le Patron est amoureux de toi , & je crains le baton.

G I L L E T T E.

Ha ! quand pour l'amour de moi, tu essuirois quelque petite regalade.

G I L L E S,

Tu en vaux bien la peine. Mais mon échine n'est pas d'accord avec mon cœur.

G I L L E T T E.

Prens courage , je puis bien sans l'aveu de notre maître disposer de mon cœur.

G I L L E S.

Je crains toujours quelque avanture.

G I L L E T T E.

Poltron ! en amour il faut de la valeur.

G I L L E S.

C'est vrai ... mais j'ai peur.

G I L L E T T E.

Quelle honte !

GILLES.

Si tu veux me permettre une petite careſſe ?
dépêchons.

GILLETTE.

Que veux-tu ? dépêches donc.

GILLES.

Je voudrois par exemple.... ha que cela
ſeroit bon !... mais j'ai peur.

GILLETTE.

De qui ?

GILLES.

Du Patron.

GILLETTE.

Le Nigaud !

GILLES.

Mais ſi le bâton ....

GILLETTE.

Donne - moi ta main.

GILLES.

Attens .... tout doux.

GILLETTE.

Mets ta main dans la mienne.

GILLES.

L'y voilà .... Ah voici le Patron.

SCENE IX.

CASSANDRE , GILLES , GILLETTE.

CASSANDRE.

QUe faites-vous là tous deux ?

GILLES.

Ho rien.

GILLETTE.

Le pauvre garçon ! il eſt malade , je lui tâtais le poux.

CASSANDRE.

Voyons ce poux.

GILLES.

Tâtez comme il galope.

CASSANDRE.

Effectivement on parle de grandes conteſtations entre le Levant & le Ponent.

GILLES.

Comment me trouvez-vous ?

CASSANDRE.

Ce ne ſera rien.

GILLES.

Ah ſi vous ſaviez ma maladie ! ho je n'ai pas rien au moins.

GILLETTE.

Le pauve malheureux ! Voyez ; ſa maladie eſt au cœur.

CASSANDRE.

Allons pile ces Drogues ; & toi Gillette pour n'être pas oiſive , épluche ces ſimples. Moi je vais travailler à mon Bureau. Faiſons le partage des Terres & des Mers entre les parties Belligérantes.

GILLES *à part.*

Tiens , vois-tu Gillette , tu me fais pouſſer autant de ſoupirs en un jour que je frape de coups dans mon mortier.

GILLETTE *à part.*

Et moi , je ſonge autant de fois à toi par jour qu'il y à de fleurs dans ce panier , quand
les

les tiges en font féparées.

CASSANDRE *à part.*

La Montagne au Roi de Tartarie. La Plaine au Monarque des Indes. La Marine au haut Empereur du Mogol.

GILLETTE *à part.*

J'ai beau éplucher.

GILLES *à part.*

Hai ! j'ai j'ai beau piler.

CASSANDRE *à part.*

Sans Mappemonde c'eſt comme ſi ʼe ne faiſois rien. Je vais la prendre. Gillette, épluches, & toi piles.

GILLETTE.

Il eſt ſorti.

GILLES.

Aproche-toi.

GILLETTE.

Donne - moi ta main

GILLES.

Donnes moi la tienne

CASSANDRE *à part.*

Avec cette Mappemonde, je pourai parta-ger l'Univers à mon aiſe.

GILLES *à part.*

Ha ! j'ai beau piler ; je n'en ſens pas moins mon mal

GILLETTE *à part.*

La fraîcheur de ces Herbes ne me guerit pas.

CASSANDRE *à part.*

Pour plus d'exactitude , il me faut un com-pas. J'en vais chercher un. Gillette , épluches :

& toi, piles.
GILLES.
Hé ! Gillette encor ta menotte.
GILLETTE.
Tiens, la voilà.
GILLES *la baifant*.
Ma chere Gillette !
GILLETTE.
Pauvre Gilles !...
CASSANDRE.
Je vous y prends....
GILLES, GILLETTE *fuiant*.
Ha !

SCENE X.

LEANDRE, CRISPIN, CASSANDRE.

CAnaille maudite ! me tromper ainfi à mon nez, à ma barbe ! Je me flatois d'époufer Gillette. Je me refervois ce joli morceau, & la coquine fait les yeux doux à Gilles. Oh ! j'y remedirai.

LEANDRE.
Excufez, Monfieur Caffandre.
CASSANDRE.
Serviteur.
CRISPIN.
Monfieur, votre petit ferviteur.
CASSANDRE.
Je vous baife les mains. Avez-vous befoin

de quelque chose ? parlez à mon garçon.
LEANDRE.
C'est à vous à qui je m'adresse.
CASSANDRE.
Parlez à Gilles.
CRISPIN.
Voudriez vous bien , Monsieur, nous parler en face ?
CASSANDRE.
Ah ! en face : expliquez-vous donc ?
LEANDRE
Je voudrois bien vous dire , Monsieur , que l'amour .... Crispin parles toi-même.
CASSANDRE
Voyons donc : parlez.
CRIPIN.
Sachez que nous sommes deux Amants : [*A Léandre*] Vous expliquerez cela mieux que moi.
CASSANDRE.
Finirez vous ?
LEANDRE.
Franchement , je vous dirai que l'amour...
CRISPIN.
Je vous dirai que mon cœur ....
LEANDRE.
Nous sommes deux Amants au désespoir ,
CRISPIN.
Dont l'amour à fait deux pauvres diables.
CASSANDRE.
Hé bien , voyons ? qu'y puis-je faire ?
LEANDRE
Je viens vous prier....

CRISPIN.

Je viens vous suplier....

LEANDRE.

De me donner votre Fille en mariage.

CRISPIN.

De me permettre de coucher avec Gillette.

CASSANDRE

Ma réponse vous sera commune. Non
Monsieur, non Monsieur, non Messieurs.

LEANDRE.

Mais écoutez

CASSANDRE.

Je n'ai pas le tems.

LEANDRE.

On lit dans la Gazette à l'article d'Espagne.

CASSANDRE.

He bien qu'y lit'on ?

CRISPIN.

On lit dans la Gazette à l'article de France.

CASSANDRE.

Racontez donc vite.

LEANDRE.

On lit donc, qu'en Espagne, en cas sem-
blable, un Amant a fait un enfant a la fille
d'un Apoticaire

CASSANDRE.

En Espagne ?

LEANDRE.

Oui Monsieur.

CASSANDRE.

Fausse nouvelle.

CRISPIN.

Ecoutes, la mienne elle est véritable. Il y

avoit une fois un Apoticaire qui avoit une jolie Servante. Un particulier, nommé Crispin, qui en étoit bien amoureux, lui dit ainsi: Si vous me la refusez, je vous donnerai cent coups de bâton.

SCENE XI.

ISABELLE, GILLETTE. CASSANDRE.

HA! je commence à comprendre. Ces éveillés me font rire. Ils font les amoureux transis. Isabelle est encore jeune ; il y a à du tems de reste, pour la pourvoir en attendant qu'elle s'amuse, comme elle pourra. Gillette est gentille en dépit de tout le monde ; elle sera ma femme.

ISABELLE à part.

Voici mon Pere. Ce n'est pas lui que je cherche.

GILLETTE à part.

Je le crois bien. Mais restons

CASSANDRE.

Vous voilà donc, les Belles ?

GILLETTE.

Monsieur Cassandre, je vous saluë.

ISABELLE.

Mon ch'Pere, je suis à vos ordres.

CASSANDRE.

Mesdemoiselles les fines mouches, pourquoi ne pas rester au Jardin ?

GILLETTE.
Nous sommes venus ici.....

CASSANDRE.
Toi , pour voir Crispin , & toi ton beau Liandre.

ISABELLE.
Mon ch'Pere , vous vous fâchez ? je me retire.

CASSANDRE.
Non pas , s'il vous plait , Mammeselle.

GILLETTE.
Monsieur , ma fricassée brûle.

CASSANDRE.
Ecoutez toutes deux. Si je vous vois parler à ces gens là , si je vous y trouve , si je vous y trouve ; je vous distribuë à chacune la correction.

SCENE XII.

GILLETTE, ISALELLE.
ISABELLE.

EN vérité , mon ch'Pere n'a pas le sens commun. Je crois que par avis de Parens il seroit convenable de le faire enfermer.

GILLETTE
C'a ne seroit pas mal. Pour moi quand je verrai Gilles , je suis toute prête à recommencer.

ISABELLE.
Ho bien , puisqu'il le prend sur ce ton là ,

nous verrons. Il n'eſt apparament pas content
de ma premiere couche ; je vais travailler
à le régaler d'une ſeconde.

SCENE XIII.

GILLETTE, GILLES,
GILLES.

LA v'la… je n'oſe… le Patron ne nous
ſuit-il pas ?

GILLETTE.
A toi Gilles. Qu'en dis-tu ? nous ſommes
découverts.

GILLES,
Je te le diſois bien ; & j'm'atendois à pis. Mais
la bouraſque n'eſt pas encore paſſée : je crains
que le Patron ne me la garde bonne.

GILLETTE.
Tiens, Gilles, il faut finir, ou quitter la
partie.

GILLES.
La quitter ! nenni ; ſe déclarer ! j'ai top peur.
Je ne ſais que réſoudre.

GILLETTE.
Dis, oui, ou non.

GILLES.
Je dirai bien oui tout de ſuitte ; mais après.

GILLETTE.
Hé bien, après.

GILLES,
Que dira le Patron.

GILLETTE.

Va tu n'es qu'un imbécile , je ferai
mieux d'épouser Crispin

GILLES.

Hé bien oüi … avec ton Crispin. Va épouse·
le grand bien te fasse. Barbare , ingrate , in-
fidele.

GILLETTE.

Mais si tu ne veux pas …

GILLES.

Si je ne suis qu'un sot , il vaut mieux épouser Crispin.

GILLETTE.

Je disois …

GILLES

Tu disois que je ne suis qu'un sot : je ne suis
donc pas digne d'épouser une fille comme toi?

GILLETTE.

Mais pourtant.

GILLES.

Vous me pardonnerez , Mammeselle , un
pauvre garçon comme moi n'est pas fait pour
épouser une belle Mammeselle comme vous.

GILLETTE.

Ecoutes donc …

GILLES.

J'ai tout entendu ; un bon averti en vaut
deux

GILLETTE.

Donc.…

GILLES.

Donc , épousez Crispin.

GILLETTE.
Je n'épouſerai ni toi, ni Criſpin ; Voici Monſieur Caſſandre, fuis.

GILLES.
Je fuis perdu.

SCENE XIV.

GILLETTE, CASSANDRE.

GILLETTE.

OUi, oui, pour faire dépit à Gilles j'épouſerai mon Bourgeois,

CASSANDRE.
Gillette, je veux te parler.

GILLETTE.
Parlez Monſieur.

CASSANDRE.
Ecoutes, ma fille ; tu ne peux pas toujours reſter dans l'état dans lequel tu es, il faut prendre un parti : penſes-y.

GILLETTE.
Cela eſt tout penſé.

CASSANDRE.
He bien que penſes tu ?

GILLETTE.
Je penſe à me placer.

CASSANDRE.
A te placer ? he ! comment ?

GILLETTE.
Me marier.

CASSANDRE.
He bien ! ſi tu veux, tu ſeras mariée inceſſamment.

GILLETTE.

Hé ! qui sera mon mari ?

CASSANDRE.

Ton mari ? .... tiens, Gillette, tu es trop sage, tu as trop d'esprit pour épouser un freluquet.

GILLETTE.

Ho ! j'en suis bien éloignée.

CASSANDRE

Si tu pense à ta fortune, au solide, il faut épouser un homme mûr.

GILLETTE.

Hé bien ! Monsieur, tels sont mes sentimens, où trouverai-je cet époux ?

CASSANDRE.

Ce sera moi, ma chère.

GILLETTE.

Vous ?

CASSANDRE.

Tu ne me trouveras peut-être pas tel que tu le souhaiterais ?

GILLETTE *à part*

Feignons, pour faire diligenter Gilles.

CASSANDRE.

Qu'en dis tu ?

GILLETTE.

Monsieur, tout comme il vous plaira.

CASSANDRE.

Je savois bien que tu étois une fille prudente. Vas, tu n'as pas ta pareille au monde.

GILLETTE *à part.*

Comme Gilles va courir !

CASSANDRE.

Je vais mander le Notaire.

GILLETTE.

Pourquoi faire ?

CASSANDRE.

Pour dreſſer notre Contrat. Et même je
l'avois déja fait avertir.

GILLETTE.

Et ſur qui vous fondiez-vous avant de ſa-
voir ce que je vous répondrois ?

CASSANDRE.

Je ſavois bien que tu penſerois comme
moi. Quel plaiſir de voir que je ne me ſuis
pas trompé !

GILLETTE *à part.*

Ah ! je m'en repentirai.

CASSANDRE *à part.*

Je ne m'étois pas flaté de la réduire ſi vite.

SCENE XV.

GILLETTE, CASSANDRE.
CRISPIN, *déguiſé en Notaire.*

[*A part.*] Amour ! favoriſes mes fourberies.

Honneur à toute l'aſſiſtance.

CASSANDRE.

Que voulez-vous Monſieur ?

CRISPIN.

Je ſuis pour vous ſervir, ſi j'en étois ca-
pable, un Notaire & Tabellion tant en minute
qu'en groſſe.

CASSANDRE.

Voudriez vous bien dreſſer un petit mot de

Contrat , pour Gillette & pour moi ?

CRIPIN.

Je suis à vos ordres.

CASSANDRE.

Gillette , aportes à Monsieur le Notaire l'encrier.

GILLETTE *à part.*

Ha ! le cœur me bat.

CRISPIN.

Dictez , Monsieur , & j'écrirai.

CASSANDRE.

Ecrivez Monsieur ; & je dicterai.

SCENE XVI.

GILLETTE , CASSANDRE , CRISPIN.
GILLES *habillé en Notaire.*

AH ! traitre de Confrere vous me volez mes pratiques ?

CASSANDRE.

Qui êtes vous ?

GILLES.

Notaire.

CASSANDRE.

Il n'en est plus besoin : pourquoi venez-vous si tard.

CRISPIN *à part.*

Ouf, je suis perdu.

GILLES.

Mais je ne veux pas faire corvée, payez-moi.

CASSANDRE *à Crispin.*

Que di-t'il ?

GRISPIN.

Je dis que je suis le premier en datte.

GILLES.

Et moi je veux écrire, ou comme premier, ou comme second.

CASSANDRE.

Allons point de dispute, chacun gagnera ses honoraires. [*à Crispin.*] Vous minuterez. [*à Gilles.*] Et vous vous grossoirez.

GILLES.

C'est ce que je demande, je suis satisfait.

CRISPIN.

Et moi point du tout.

GILLES.

Hé mais ! ce sont les affaires de Monsieur.

GILLETTE *à part.*

La Scene sera plaisante.

CRISPIN.

Ce sont bien les miennes. Es-ce que tu crois que je ne te reconnois pas, Gilles.

GILLES.

Voilà qu'est bien difficile ; & moi, je te reconnois bien, Crispin.

CASSANDRE.

Attendez coquins. [*Il les chasse à coups de baton.*]

GILLES. CRISPIN.

Ah mon Confrere ! mon Confrere.

SCENE XVII.

GILLETTE, CASSANDRE.
LEANDRE

GRande nouvelle ! Monſieur Caſſandre.

CASSANDRE.
Les malheureux ! qui auroit penſé à cette ruſe ?

LEANDRE.
Grande nouvelle !

CASSANDRE.
Autre importun.

LEANDRE.
Grande nouvelle , très-grande nouvelle ; écoutez.

CASSANDRE.
D'où , de quelle part ?

LEANDRE.
Du Monomotapa.

CASSANDRE.
Ce ſera la camarade de celle de tantôt : quelque nouvelle ſaugrenuë.

LEANDRE.
Excuſez - moi , Monſieur , je ſuis galant-homme & cette Lettre fait foi de la vérité de cette nouvelle.

CASSANDRE *liſant.*
Voyons , l'Empereur du Monomotapa demande un Apoticaire & une Apoticairerie à l'uſage de ſon nouvel ordre.

L E A N D R E.

L'avez vous bien lu ?

C A S S A N D R E.

Mais je ne croyois pas qu'au Monomotapa
on eut besoin de remedes.

L E A N D R E.

Lisez jusqu'à la fin.

C A S S A N D R E *lisant.*

Et sur la réputation de l'Illustrissime Doc-
tissime & Reverendissime Cassandre, il le fait
Chevalier Comte & grand Apoticaire dudit
Ordre.

L E A N D R E.

Poursuivez.

C A S S A N D R E *lisant.*

Il envoye la Galiotte de Saint Clou pour le
conduire jusqu'au premier Port de ses Etats
avec deux dignitaires dudit Ordre. L'habit
rouge galonné en or, la veste verte galon-
née en argent, la culotte jaune, les bas gris-
de-fer à coins blancs, la Perruque à la Con-
seillere, le chapeau à plumets couleur de
cérise, l'épée à manche d'agathe, & la canne
à pomme d'or avec la Médaille en plomb ;
du pois de cinquante livres, & la sangle suf-
fisante pour la porter.   *Il ôte ses Lunette.*
La Médaille en plomb ?

L E A N D R E.

C'est que le plomb est l'or du Monomotapa.

C A S S A N D R E.

Allons, mon cher, que je vous embrasse,
je passerai au Monomotapa, & si c'est par votre
moyen, je vous promets une bonne récom-
pense

SCENE XVIII.

GILLETTE.

EN vérité, Monfieur Caffandre eft bien bon homme ; il eft fi bête, fi bête, qu'avec fa Chevalerie du Monomotapa, jefpere qu'il perdra le peu de cervelle qui lui refte. Ha voici Gilles. Il faut pourtant que je me racommode avec lui.

SCENE XIX.

GILLES, GILLETTE.
GILLES *à part.*

JE voudrois bien faire la paix.
GILLETTE *à part.*
Je voudrois bien m'arranger en confervant les prérogatives de mon fexe.
GILLES *à part.*
Je voudrois lui donner ce Bouquet, mais elle n'en voudra pas.
GILLETTE *à part.*
Je crois qu'il tient des fleurs.
GILLES.
J'aime mieux les jetter que d'être réfufé.
GILLETTE.
Il n'y à que les fous qui jettent ce qu'ils ont.
GILLES
Je n'ai été que trop fol : tout le monde le fait.

Gilllette,

GILLETTE.
Pauvres fleurs ! elles ont au môins couté six fols.

GILLES.
Elles en ont bien couté douze.

GILLETTE.
Et tu les jerte comme ça ?

GILLES.
Je voulois en régaler quelqu'un..... mais on me trâhit, je vais les écraser.

GILLETTE
Ha ! ne le fais pas. Elles font déjà toutes gâtées.

GILLES.
Il n'y à qu'un peu de pouffiere, on peut les effuyer.

GILLETTE.
Je n'aime pas à voir rien perdre.

GILLES.
Ni moi, non plus.

GILLETTE. *Se baiffant pour les ramaffer.*
Pauvres fleurs !

GILLES *fe baiffant auffi.*
Ne te gênes pas.

GILLETTE.
Laiffes. [*leurs mains fe rencontrent.*]

GILLES.
Laiffes moi donc ?

GILLETTE.
Tiens ; voilà ton Bouquet.

GILLES
Il n'eft plus à moi.

GILLETTE.
Je veux te le rendre.

GILLES.

Je ne le reprendrai pas.

GILLETTE.

Que veux tu que j'en fasse?

GILLES.

Le mettre à ton corset.

GILLETTE.

Tu es un fripon !

GILLES.

Et toi une coquine : tiens; tiens à bon chat, bon rat.

SCENE XX , & derniere.

CASSANDRE, LEANDRE, CRISPIN, ISABELLE, GILLETTE , GILLES.

CASSANDRE *avec son habit de Chevalier.*

GRace à vous, mon cher , me voilà donc Chevalier du Monomotapa. Puisque l'affaire est concluë il faut prendre la Galiotte.

CRISPIN.

Mais avant que de partir il faut que Léandre épouse Isabelle , & moi Gillette.

CASSANDRE.

Je ne me soucie plus de rien; je suis Chevalier.

GILLES.

Et moi , je suis Chevalier aussi , & j'ai déjà épousé Gillette.

CRISPIN.

Toi Chevalier, tu n'ès q'un Chevalier batard.

GILLES.

Et toi tu n'auras pas Gillette.

CRISPIN.

Vas je vous donne tous les deux au diables : Monfieur Caffandre , il faut que vous foyez une groffe cruche , un grand fot , pour ne pas voir que tout le monde ici vous duppe.

CASSANDRE.

Je ne l'écoute pas , je fuis chevalier , moi.

ISABELLE.

Qui , mon cher Amant : marions nous enfin en regle , & faifons interdire mon ch'Pere , afin que fa derniere fotife foit celle d'être Chevalier du Monomotapa.

GILLES

Et moi , à caufe que vous me cédez Gillette je vous fais Comte pour rire ; & nous en rirons bien.

CASSANDRE.

Oui , oui ; malgré les envieux me voilà Chevalier , & Comte du Monomotapa ; & je pars par la Galiotte.

FIN.